KUMON MATH WORKBOOKS

Addition & Subtraction

Grade 3

Table of Contents

No.	Title	Page
1.	2-Digit Addition Review	2
2.	2-Digit Addition Review	4
3.	2-Digit Addition Review	6
4.	3-Digit Addition	8
5.	3-Digit Addition	10
6.	3-Digit Addition	12
7.	3-Digit Addition	14
8.	3-Digit Addition	16
9.	3-Digit Addition	18
10.	3-Digit Addition	20
11.	3-Digit Addition	22
12.	3-Digit Addition	24
13.	3-Digit Addition	26
14.	3-Digit Addition	28
15.	3-Digit Addition	30
16.	3-Digit Addition	32
17.	4-Digit Addition	34
18.	4-Digit Addition	36
19.	4-Digit Addition	38
20.	Addition Review	40
21.	2-Digit Subtraction Review	42
22.	3-Digit Subtraction Review	44
23.	3-Digit Subtraction Review	46
24.	3-Digit Subtraction	48
25.	3-Digit Subtraction	50
26.	3-Digit Subtraction	52
27.	3-Digit Subtraction	54
28.	3-Digit Subtraction	56
29.	3-Digit Subtraction Review	58
30.	3-Digit Subtraction	60
31.	3-Digit Subtraction	62
32.	3-Digit Subtraction	64
33.	3-Digit Subtraction	66
34.	3-Digit Subtraction	68
35.	3-Digit Subtraction	70
36.	3-Digit Subtraction	72
37.	3-Digit Subtraction	74
38.	3-Digit Subtraction	76
39.	4-Digit Subtraction	78
40.	4-Digit Subtraction	80
41.	4-Digit Subtraction	82
42.	4-Digit Subtraction	84
43.	Subtraction Review	86
	Answer Key	88

KUMON

1 2-Digit Addition Review

1 Add.

2 points per question

(1) 14 + 3

(2) 21 + 8

(3) 27 + 3

(4) 29 + 5

(5) 30 + 6

(6) 34 + 8

(7) 13 + 25

(8) 25 + 32

(9) 34 + 42

(10) 16 + 27

(11) 27 + 18

(12) 39 + 15

(13) 26 + 48

(14) 33 + 47

(15) 50 + 40

(16) 40 + 51

(17) 32 + 49

(18) 29 + 66

(19) 38 + 35

(20) 17 + 38

2 Add.

3 points per question

(1) 26 + 33
(2) 29 + 65
(3) 17 + 82
(4) 34 + 9
(5) 50 + 47

(6) 32 + 58
(7) 48 + 49
(8) 56 + 43
(9) 63 + 18
(10) 25 + 57

(11) 27 + 68
(12) 70 + 29
(13) 65 + 33
(14) 56 + 34
(15) 19 + 73

(16) 46 + 45
(17) 62 + 24
(18) 44 + 38
(19) 28 + 66
(20) 32 + 59

Did you remember your addition?

2 2-Digit Addition Review

1 Add.

2 points per question

(1) 45 + 32
(2) 43 + 35
(3) 54 + 36
(4) 65 + 27
(5) 50 + 70
(6) 60 + 78
(7) 62 + 74
(8) 84 + 62
(9) 49 + 80
(10) 62 + 65
(11) 64 + 43
(12) 54 + 83
(13) 65 + 78
(14) 83 + 68
(15) 96 + 37
(16) 45 + 86
(17) 57 + 95
(18) 79 + 41
(19) 66 + 64
(20) 74 + 98

2 Add.

3 points per question

(1) 63 + 84
(2) 52 + 90
(3) 47 + 87
(4) 59 + 65
(5) 68 + 39

(6) 48 + 57
(7) 36 + 74
(8) 35 + 67
(9) 43 + 71
(10) 75 + 67

(11) 50 + 76
(12) 52 + 69
(13) 43 + 98
(14) 64 + 36
(15) 49 + 68

(16) 92 + 28
(17) 75 + 26
(18) 68 + 48
(19) 87 + 55
(20) 98 + 73

When you're finished, don't forget to check your answers.

3 | 2-Digit Addition Review

Level

Date / /   Name

Score /100

1 Add.

2 points per question

(1) 26
    +18

(2) 32
    + 9

(3) 53
    +24

(4) 47
    +25

(5) 54
    +30

(6) 71
    +28

(7) 45
    +38

(8) 36
    + 7

(9) 29
    +16

(10) 68
    + 2

(11) 50
    +34

(12) 18
    +27

(13) 75
    +16

(14) 48
    +39

(15) 23
    +67

(16) 22
    +18

(17) 31
    +66

(18) 46
    +17

(19) 59
    +34

(20) 65
    +19

6 © Kumon Publishing Co., Ltd.

2 Add.

3 points per question

(1) 52 + 63

(2) 74 + 35

(3) 40 + 93

(4) 68 + 83

(5) 70 + 60

(6) 85 + 45

(7) 56 + 97

(8) 64 + 48

(9) 73 + 54

(10) 96 + 45

(11) 53 + 80

(12) 47 + 79

(13) 37 + 66

(14) 52 + 48

(15) 84 + 39

(16) 61 + 74

(17) 36 + 98

(18) 72 + 50

(19) 95 + 17

(20) 59 + 46

Now let's move on to 3-digit addition!

4 3-Digit Addition

Date / /   Name

Level ★★   Score /100

1 Add.

2 points per question

(1) 100 + 70

(2) 106 + 80

(3) 120 + 43

(4) 126 + 42

(5) 136 + 44

(6) 110 + 4

(7) 115 + 7

(8) 128 + 3

(9) 138 + 5

(10) 128 + 53

2 Add.

3 points per question

(1) 116 + 29

(2) 124 + 39

(3) 204 + 86

(4) 223 + 69

(5) 225 + 47

(6) 315 + 36

(7) 433 + 58

(8) 138 + 44

(9) 412 + 59

(10) 427 + 54

3 Add.

2 points per question

(1) 100 + 100
(2) 200 + 100
(3) 300 + 200
(4) 400 + 300
(5) 400 + 500
(6) 130 + 110
(7) 210 + 120
(8) 320 + 220
(9) 350 + 440
(10) 556 + 343

4 Add.

3 points per question

(1) 325 + 142
(2) 325 + 153
(3) 325 + 129
(4) 254 + 437
(5) 254 + 438
(6) 315 + 338
(7) 308 + 333
(8) 483 + 209
(9) 508 + 266
(10) 432 + 148

How are you doing with your vertical addition?

5 3-Digit Addition

1 Add.

2 points per question

(1) 647
   +100

(2) 446
   +330

(3) 572
   +118

(4) 503
   +219

(5) 354
   +225

(6) 230
   +140

(7) 232
   +215

(8) 247
   +315

(9) 528
   +412

(10) 367
   +518

(11) 231
   +550

(12) 714
   +120

(13) 454
   +318

(14) 306
   +187

(15) 656
   +236

(16) 237
   +208

(17) 129
   +309

(18) 256
   +406

(19) 377
   +609

(20) 483
   +308

2 Add.

3 points per question

(1)   564
    + 121

(2)   631
    + 253

(3)   733
    + 259

(4)   867
    + 123

(5)   408
    + 367

(6)   315
    + 128

(7)   243
    + 408

(8)   224
    + 369

(9)   579
    + 106

(10) 128
    + 245

(11) 209
    + 401

(12) 328
    + 463

(13) 147
    + 243

(14) 523
    + 369

(15) 407
    + 308

(16) 128
    + 459

(17) 279
    + 216

(18) 105
    + 146

(19) 161
    + 209

(20) 134
    + 406

Don't forget to check your answers when you're done!

6 3-Digit Addition

Level ★★

Score /100

1 Add. 2 points per question

(1) 345
   + 120

(2) 345
   + 127

(3) 457
   + 128

(4) 376
   + 105

(5) 473
   + 108

(6) 346
   + 102

(7) 462
   + 154

(8) 254
   + 190

(9) 135
   + 282

(10) 592
   + 185

2 Add. 2 points per question

(1) 670
   + 180

(2) 260
   + 389

(3) 164
   + 494

(4) 192
   + 312

(5) 290
   + 379

(6) 184
   + 506

(7) 309
   + 262

(8) 262
   + 375

(9) 138
   + 502

(10) 142
   + 219

3 Add.

3 points per question

(1) 232 + 496

(2) 171 + 458

(3) 249 + 317

(4) 284 + 123

(5) 190 + 380

(6) 262 + 374

(7) 549 + 116

(8) 364 + 108

(9) 484 + 235

(10) 270 + 540

(11) 378 + 104

(12) 218 + 178

(13) 524 + 259

(14) 504 + 386

(15) 123 + 148

(16) 214 + 604

(17) 329 + 464

(18) 185 + 392

(19) 259 + 627

(20) 250 + 387

Great work. Let's keep going!

3-Digit Addition

1 Add.

2 points per question

(1) 293
    +385

(2) 352
    +473

(3) 381
    +525

(4) 263
    +674

(5) 274
    +385

(6) 257
    +133

(7) 242
    +338

(8) 368
    +126

(9) 215
    +392

(10) 226
    +392

(11) 104
    +609

(12) 309
    +273

(13) 162
    +176

(14) 128
    +302

(15) 116
    +527

(16) 254
    +108

(17) 242
    +151

(18) 486
    +293

(19) 328
    +653

(20) 328
    +655

2 Add.

3 points per question

(1) 208
    +155

(2) 164
    +326

(3) 383
    +432

(4) 322
    +129

(5) 322
    +192

(6) 351
    +463

(7) 258
    +391

(8) 357
    +180

(9) 374
    +118

(10) 347
    +181

(11) 367
    +122

(12) 257
    +127

(13) 503
    +248

(14) 524
    +375

(15) 534
    +375

(16) 203
    +592

(17) 428
    +453

(18) 104
    +386

(19) 149
    +538

(20) 194
    +583

Let's keep practicing our vertical addition!

3-Digit Addition

Date / / Name

1 Add.

2 points per question

(1) 142
   + 63

(2) 180
   + 66

(3) 166
   + 26

(4) 146
   + 38

(5) 118
   + 68

(6) 225
   + 67

(7) 238
   + 42

(8) 245
   + 27

(9) 247
   + 39

(10) 274
   + 92

(11) 425
   + 36

(12) 424
   + 59

(13) 453
   + 64

(14) 431
   + 59

(15) 438
   + 16

(16) 363
   + 54

(17) 352
   + 87

(18) 347
   + 81

(19) 366
   + 82

(20) 366
   + 28

16 © Kumon Publishing Co., Ltd.

2 Add.

3 points per question

(1) 175 + 52
(2) 142 + 64
(3) 164 + 54
(4) 128 + 54
(5) 167 + 24

(6) 329 + 52
(7) 321 + 59
(8) 353 + 72
(9) 342 + 73
(10) 324 + 37

(11) 448 + 14
(12) 423 + 47
(13) 526 + 57
(14) 537 + 54
(15) 573 + 45

(16) 473 + 18
(17) 308 + 72
(18) 483 + 71
(19) 667 + 72
(20) 778 + 19

Nice work! Now let's check your score.

9 3-Digit Addition

Level ★★

1 Add.

2 points per question

(1) 258
   + 24

(2) 258
   + 34

(3) 258
   + 44
     3 ☐ ☐

(4) 258
   + 54

(5) 258
   + 84

(6) 253
   + 74

(7) 281
   + 27

(8) 294
   + 10

(9) 294
   + 18

(10) 274
   + 58

(11) 335
   + 17

(12) 335
   + 87

(13) 247
   + 37

(14) 247
   + 67

(15) 247
   + 77

(16) 366
   + 27

(17) 366
   + 37

(18) 366
   + 47

(19) 366
   + 57

(20) 366
   + 67

2 Add.

3 points per question

(1) 359 + 32

(2) 359 + 62

(3) 349 + 41

(4) 349 + 81

(5) 349 + 85

(6) 215 + 76

(7) 245 + 76

(8) 434 + 38

(9) 434 + 78

(10) 434 + 98

(11) 344 + 80

(12) 344 + 89

(13) 317 + 57

(14) 367 + 57

(15) 387 + 57

(16) 616 + 28

(17) 694 + 28

(18) 479 + 12

(19) 479 + 22

(20) 479 + 32

Are you getting the hang of it? Let's keep going!

3-Digit Addition

Date / /   Name

1 Add.

2 points per question

(1) 163 + 75

(2) 260 + 79

(3) 466 + 79

(4) 467 + 55

(5) 284 + 78

(6) 245 + 25

(7) 316 + 84

(8) 586 + 37

(9) 452 + 79

(10) 444 + 89

(11) 145 + 55

(12) 124 + 98

(13) 286 + 23

(14) 257 + 43

(15) 259 + 84

(16) 519 + 73

(17) 249 + 89

(18) 456 + 76

(19) 359 + 65

(20) 354 + 78

© Kumon Publishing Co., Ltd.

2 Add.

3 points per question

(1) 246 + 39

(2) 229 + 66

(3) 229 + 86

(4) 313 + 89

(5) 263 + 88

(6) 248 + 45

(7) 228 + 62

(8) 228 + 94

(9) 258 + 75

(10) 258 + 64

(11) 287 + 76

(12) 276 + 48

(13) 229 + 83

(14) 331 + 89

(15) 433 + 88

(16) 293 + 48

(17) 498 + 36

(18) 398 + 57

(19) 284 + 76

(20) 483 + 96

This isn't so bad, right? Good job!

3-Digit Addition

Date / /   Name

Level ★★

Score /100

1 Add.

2 points per question

(1) 147
   +235

(2) 147
   +245

(3) 147
   +275

(4) 147
   +265

(5) 147
   +255

(6) 418
   +164

(7) 418
   +194

(8) 635
   +165

(9) 142
   +278

(10) 324
   +299

(11) 344
   +139

(12) 344
   +149

(13) 344
   +179

(14) 264
   +178

(15) 264
   +138

(16) 388
   +416

(17) 446
   +387

(18) 204
   +398

(19) 399
   +175

(20) 464
   +189

22 © Kumon Publishing Co., Ltd.

2 Add.

3 points per question

(1) 266 + 325

(2) 266 + 336

(3) 266 + 347

(4) 274 + 456

(5) 274 + 426

(6) 392 + 494

(7) 397 + 494

(8) 387 + 496

(9) 287 + 488

(10) 545 + 289

(11) 348 + 337

(12) 348 + 386

(13) 465 + 362

(14) 465 + 348

(15) 583 + 167

(16) 271 + 483

(17) 516 + 349

(18) 399 + 402

(19) 158 + 787

(20) 437 + 384

OK! Now let's mix it up!

12 · 3-Digit Addition

Level ★★

Score /100

1 Add.

2 points per question

(1) 235
   +149

(2) 235
   +180

(3) 328
   +437

(4) 345
   +587

(5) 115
   +329

(6) 185
   +339

(7) 254
   +196

(8) 253
   +189

(9) 376
   +131

(10) 376
   +138

(11) 298
   +315

(12) 248
   +675

(13) 199
   + 1

(14) 499
   + 2

(15) 148
   +584

(16) 432
   +299

(17) 100 + 200 =

(18) 100 + 150 =

(19) 760 + 134 =

(20) 152 + 326 =

2 Add.

3 points per question

(1) 553 + 302

(2) 490 + 366

(3) 266 + 126

(4) 278 + 368

(5) 145 + 367

(6) 259 + 467

(7) 542 + 378

(8) 187 + 229

(9) 326 + 480

(10) 124 + 359

(11) 241 + 159

(12) 383 + 468

(13) 176 + 584

(14) 487 + 354

(15) 247 + 453

(16) 136 + 785

(17) 150 + 100 =

(18) 200 + 150 =

(19) 321 + 457 =

(20) 426 + 234 =

You can always re-write the horizontal problems vertically if that helps!

13 3-Digit Addition

Level ★★

1 Add.

2 points per question

(1) 274
    +352

(2) 441
    +264

(3) 328
    +454

(4) 178
    +644

(5)   63
    +174

(6)   48
    +124

(7)   61
    +449

(8)   87
    +574

(9) 459
    +102

(10) 349
    +474

(11) 141
    +259

(12) 537
    +373

(13) 193
    +508

(14) 308
    +192

(15) 168
    +175

(16) 197
    +306

(17) 100 + 198 =

(18) 250 + 100 =

(19) 139 + 252 =

(20) 165 + 518 =

2 Add.

3 points per question

(1) 549 + 312

(2) 208 + 444

(3) 109 + 411

(4) 567 + 234

(5) 53 + 274

(6) 87 + 226

(7) 194 + 510

(8) 309 + 294

(9) 184 + 730

(10) 365 + 495

(11) 598 + 278

(12) 397 + 527

(13) 266 + 582

(14) 243 + 377

(15) 98 + 102

(16) 67 + 283

(17) 127 + 534 =

(18) 256 + 336 =

(19) 164 + 107 =

(20) 257 + 138 =

If you made a mistake, just try the problem again. You can do it!

 **3-Digit Addition**

Date / / Name

Level ★★

Score /100

1 Add.

2 points per question

(1) 128
   + 83

(2) 214
   + 89

(3) 366
   + 79

(4) 467
   + 55

(5) 245
   +525

(6) 216
   +384

(7) 546
   +437

(8) 152
   +829

(9) 245
   +255

(10) 324
   +298

(11) 188
   +523

(12) 457
   +243

(13) 812
   +373
   □□□□

(14) 436
   +728

(15) 849
   +429

(16) 359
   +825

(17) 166+26=

(18) 45+329=

(19) 425+316=

(20) 209+687=

28 © Kumon Publishing Co., Ltd.

2 Add.

3 points per question

(1) 241 + 129

(2) 329 + 556

(3) 287 + 367

(4) 353 + 298

(5) 588 + 546

(6) 128 + 972

(7) 239 + 467

(8) 167 + 835

(9) 387 + 576

(10) 376 + 848

(11) 829 + 293

(12) 924 + 399

(13) 346 + 577

(14) 367 + 784

(15) 458 + 765

(16) 534 + 596

(17) 260 + 437 =

(18) 340 + 569 =

(19) 258 + 171 =

(20) 427 + 383 =

That's good. Let's practice some more!

3-Digit Addition

Date / / Name

Level ★★

Score /100

1 Add.

2 points per question

(1) 157
    +288

(2) 127
    +493

(3) 244
    +887

(4) 329
    +799

(5) 478
    +864

(6) 293
    +888

(7) 675
    +875

(8) 862
    +498

(9) 744
    +489

(10) 767
    +366

(11) 798
    +533

(12) 774
    +656

(13) 847
    +357

(14) 854
    +469

(15) 533
    +877

(16) 674
    +858

(17) 454 + 106 =

(18) 563 + 207 =

(19) 264 + 209 =

(20) 356 + 308 =

2. Add.

3 points per question

(1) 475 + 364

(2) 293 + 484

(3) 670 + 175

(4) 158 + 493

(5) 123 + 877

(6) 300 + 800

(7) 270 + 840

(8) 954 + 248

(9) 318 + 836

(10) 456 + 837

(11) 214 + 868

(12) 395 + 875

(13) 345 + 778

(14) 469 + 735

(15) 557 + 783

(16) 857 + 574

(17) 264 + 227 =

(18) 280 + 840 =

(19) 462 + 357 =

(20) 548 + 366 =

Have you mastered your 3-digit addition?

16 3-Digit Addition

1 Add.

2 points per question

(1)   247
    + 368

(2)   359
    + 474

(3)   463
    + 557

(4)   575
    + 648

(5)   652
    + 789

(6)   297
    + 457

(7)   346
    + 589

(8)   432
    + 668

(9)   548
    + 796

(10) 688
    + 856

(11) 275
    + 525

(12) 387
    + 692

(13) 454
    + 777

(14) 583
    + 849

(15) 678
    + 934

(16) 746
    + 988

(17) 236 + 285 =

(18) 352 + 268 =

(19) 377 + 435 =

(20) 466 + 478 =

2 Add.

3 points per question

(1) 354 + 278

(2) 465 + 376

(3) 548 + 479

(4) 651 + 549

(5) 703 + 697

(6) 488 + 264

(7) 538 + 397

(8) 642 + 488

(9) 746 + 595

(10) 874 + 639

(11) 555 + 296

(12) 678 + 384

(13) 768 + 485

(14) 844 + 557

(15) 925 + 695

(16) 984 + 878

(17) 428 + 367 =

(18) 457 + 461 =

(19) 534 + 429 =

(20) 387 + 556 =

Well done! Now let's move on to 4-digit addition!

17 4-Digit Addition

1 Add.

4 points per question

(1) 1000 + 600

(2) 1070 + 800

(3) 1200 + 430

(4) 1270 + 425

(5) 1376 + 512

(6) 1256 + 324

(7) 1136 + 458

(8) 1523 + 249

(9) 2425 + 316

(10) 2428 + 244

(11) 3513 + 268

(12) 4237 + 154

(13) 2253 + 142

(14) 2351 + 253

(15) 1480 + 266

(16) 3274 + 392

2 Add.

2 points per question

(1) 2000
    +1000

(2) 3000
    +2000

(3) 1300
    +1100

(4) 2100
    +1200

(5) 3250
    +2200

(6) 3540
    +1430

(7) 3260
    +2323

(8) 4530
    +2407

(9) 2416
    +1270

(10) 2726
    +1248

(11) 4529
    +1334

(12) 3648
    +2105

(13) 3415
    +1260

(14) 3615
    +1267

(15) 2475
    +1260

(16) 1293
    +2385

(17) 3208
    +1455

(18) 2383
    +1432

Don't forget to check your answers when you're done.

18 4-Digit Addition

1 Add.

4 points per question

(1) 2253
   + 439

(2) 2281
   + 327

(3) 1258
   + 384

(4) 1366
   + 437

(5) 1366
   + 447

(6) 1366
   + 457

(7) 3595
   + 320

(8) 3495
   + 812

(9) 2454
   + 760

(10) 4374
   + 781

(11) 3675
   + 573

(12) 4275
   + 586

(13) 6163
   + 287

(14) 6940
   + 287

(15) 4798
   + 231

(16) 3482
   + 625

2 Add.

2 points per question

(1)   1437
    + 3245

(2)   1437
    + 3285

(3)   2418
    + 1264

(4)   2418
    + 1294

(5)   3635
    + 1265

(6)   4124
    + 2399

(7)   2647
    + 1730

(8)   3445
    + 1792

(9)   4460
    + 3874

(10) 6351
    + 1654

(11) 1422
    + 2786

(12) 2043
    + 3983

(13) 3285
    + 4372

(14) 3456
    + 2837

(15) 1158
    + 3294

(16) 2547
    + 1935

(17) 2468
    + 6703

(18) 1429
    + 5837

How is your 4-digit addition going?
Are you ready for bigger numbers?

4-Digit Addition

Level ★★★

Score /100

Date / /
Name

1 Add.

4 points per question

(1) 1280
   + 830

(2) 2145
   + 892

(3) 3664
   + 794

(4) 3564
   + 798

(5) 2847
   + 563

(6) 4675
   + 559

(7) 2457
   +5250

(8) 2163
   +3845

(9) 1520
   +4296

(10) 3247
   +2981

(11) 4905
   +3668

(12) 2636
   +1439

(13) 1870
   +2394

(14) 3267
   +4954

(15) 1245
   +3797

(16) 2416
   +1598

2 Add.

2 points per question

(1) 2416
    +1293

(2) 3245
    +5526

(3) 2353
    +1298

(4) 2588
    +1546

(5) 3167
    +1835

(6) 8120
    +3735
    □□□□□

(7) 4362
    +7280

(8) 8495
    +4293

(9) 5494
    +7252

(10) 4587
    +7204

(11) 6143
    +5397

(12) 7736
    +4520

(13) 3950
    +8754

(14) 3456
    +7781

(15) 4563
    +8375

(16) 6387
    +5416

(17) 4592
    +7607

(18) 9572
    +5834

OK! It's time to review!

20 Addition Review

1 Add.

2 points per question

(1) 117
   + 29

(2) 146
   + 34

(3) 235
   +142

(4) 320
   +170

(5) 407
   +166

(6) 651
   +240

(7) 483
   +372

(8) 294
   +185

(9) 357
   +233

(10) 428
   + 53

(11) 536
   +220

(12) 104
   +709

(13) 293
   +486

(14) 326
   +292

(15) 325
   + 67

(16) 194
   +583

(17) 243 + 39 =

(18) 162 + 175 =

(19) 368 + 127 =

(20) 482 + 209 =

2 Add.

3 points per question

(1) 160 + 73

(2) 245 + 87

(3) 149 + 292

(4) 384 + 563

(5) 433 + 78

(6) 296 + 315

(7) 499 + 4

(8) 245 + 155

(9) 316 + 484

(10) 467 + 73

(11) 508 + 196

(12) 825 + 341

(13) 463 + 719

(14) 146 + 587

(15) 274 + 853

(16) 689 + 215

3 Add.

3 points per question

(1) 4153 + 372

(2) 2198 + 1106

(3) 3467 + 4583

(4) 8206 + 2354

You've made a lot of progress.
Keep up the good work!

21　2-Digit Subtraction Review

1 **Subtract.**   2 points per question

(1) 18 − 5

(2) 26 − 4

(3) 39 − 8

(4) 57 − 5

(5) 60 − 9

(6) 38 − 14

(7) 46 − 24

(8) 79 − 26

(9) 32 − 14

(10) 50 − 19

(11) 73 − 21

(12) 61 − 45

(13) 42 − 18

(14) 54 − 24

(15) 35 − 19

(16) 84 − 35

(17) 75 − 48

(18) 92 − 36

(19) 82 − 74

(20) 63 − 59

2 Subtract.

3 points per question

(1) 61 − 11
(2) 52 − 23
(3) 44 − 5
(4) 72 − 15
(5) 36 − 19

(6) 43 − 7
(7) 74 − 36
(8) 73 − 65
(9) 63 − 58
(10) 45 − 28

(11) 54 − 33
(12) 35 − 26
(13) 49 − 40
(14) 82 − 77
(15) 68 − 50

(16) 65 − 17
(17) 44 − 29
(18) 50 − 28
(19) 70 − 64
(20) 85 − 78

Do you remember your 2-digit subtraction?

22 3-Digit Subtraction Review

Date / / **Name**

Level ★ Score /100

1 Subtract.

2 points per question

(1) 100 − 30

(2) 120 − 40

(3) 140 − 70

(4) 126 − 43

(5) 135 − 81

(6) 117 − 72

(7) 149 − 85

(8) 128 − 64

(9) 163 − 91

(10) 124 − 84

(11) 125 − 43

(12) 116 − 48

(13) 143 − 74

(14) 135 − 64

(15) 131 − 55

(16) 144 − 67

(17) 135 − 79

(18) 121 − 36

(19) 131 − 38

(20) 172 − 95

2 Subtract.

3 points per question

(1) 127 − 42

(2) 146 − 76

(3) 115 − 69

(4) 163 − 65

(5) 140 − 90

(6) 145 − 66

(7) 123 − 38

(8) 100 − 7

(9) 100 − 25

(10) 130 − 46

(11) 132 − 57

(12) 102 − 6

(13) 103 − 56

(14) 110 − 62

(15) 153 − 58

(16) 104 − 16

(17) 147 − 93

(18) 160 − 89

(19) 105 − 78

(20) 120 − 24

Practice makes perfect. Let's keep going!

23 3-Digit Subtraction Review

1 **Subtract.** 2 points per question

(1) 46 − 18

(2) 25 − 9

(3) 51 − 32

(4) 63 − 45

(5) 30 − 17

(6) 17 − 8

(7) 59 − 46

(8) 82 − 74

(9) 36 − 29

(10) 41 − 6

(11) 62 − 19

(12) 94 − 58

(13) 53 − 33

(14) 75 − 46

(15) 80 − 4

(16) 56 − 27

(17) 64 − 36

(18) 82 − 79

(19) 91 − 65

(20) 73 − 68

2 Subtract.

3 points per question

(1) 134 − 61

(2) 140 − 83

(3) 127 − 54

(4) 100 − 42

(5) 163 − 85

(6) 110 − 50

(7) 129 − 39

(8) 104 − 8

(9) 145 − 77

(10) 172 − 86

(11) 120 − 25

(12) 101 − 57

(13) 165 − 69

(14) 112 − 95

(15) 138 − 74

(16) 164 − 85

(17) 126 − 29

(18) 103 − 96

(19) 140 − 48

(20) 152 − 67

Let's try some bigger numbers!

24 3-Digit Subtraction

1 Subtract.

2 points per question

(1) 150 − 10 =

(2) 150 − 30 =

(3) 150 − 50 =

(4) 150 − 20 =

(5) 150 − 40 =

(6) 160 − 10 =

(7) 160 − 30 =

(8) 160 − 50 =

(9) 160 − 20 =

(10) 160 − 40 =

(11) 170 − 10 =

(12) 170 − 30 =

(13) 170 − 50 =

(14) 170 − 20 =

(15) 170 − 40 =

(16) 180 − 10 =

(17) 180 − 30 =

(18) 180 − 50 =

(19) 180 − 20 =

(20) 180 − 40 =

2 Subtract.

3 points per question

(1) 134 − 12

(2) 134 − 24

(3) 134 − 21

(4) 134 − 10

(5) 134 − 30

(6) 174 − 20

(7) 174 − 22

(8) 174 − 24

(9) 174 − 26

(10) 174 − 28

(11) 135 − 15

(12) 135 − 23

(13) 135 − 14

(14) 135 − 16

(15) 135 − 18

(16) 155 − 31

(17) 155 − 23

(18) 155 − 37

(19) 155 − 46

(20) 155 − 29

Great! Now let's check your score.

3-Digit Subtraction

25

Level ★★

1 Subtract.

2 points per question

(1) 143 − 31

(2) 143 − 33

(3) 143 − 34

(4) 143 − 28

(5) 143 − 26

(6) 143 − 21

(7) 143 − 23

(8) 143 − 14

(9) 143 − 25

(10) 143 − 29

(11) 154 − 22

(12) 154 − 33

(13) 154 − 34

(14) 154 − 27

(15) 154 − 39

(16) 154 − 28

(17) 154 − 16

(18) 154 − 37

(19) 154 − 45

(20) 154 − 49

2 Subtract.

3 points per question

(1) 165 − 21
(2) 165 − 42
(3) 165 − 65
(4) 165 − 58
(5) 165 − 47

(6) 166 − 56
(7) 166 − 37
(8) 166 − 48
(9) 166 − 59
(10) 166 − 38

(11) 165 − 25
(12) 165 − 27
(13) 165 − 18
(14) 165 − 46
(15) 165 − 29

(16) 161 − 34
(17) 161 − 45
(18) 161 − 56
(19) 161 − 48
(20) 161 − 57

Don't forget to show your parents how far you've come!

3-Digit Subtraction

Level

Score /100

Date / /   Name

1 **Subtract.**

2 points per question

(1) 131 − 17
(2) 131 − 24
(3) 131 − 28
(4) 131 − 16
(5) 131 − 19

(6) 152 − 28
(7) 152 − 26
(8) 152 − 24
(9) 152 − 29
(10) 152 − 17

(11) 142 − 28
(12) 142 − 26
(13) 142 − 24
(14) 142 − 29
(15) 142 − 23

(16) 136 − 17
(17) 136 − 29
(18) 136 − 26
(19) 136 − 28
(20) 136 − 19

2 Subtract.

3 points per question

(1) 130 − 10

(2) 130 − 20

(3) 130 − 30

(4) 130 − 40

(5) 130 − 50

(6) 120 − 10

(7) 120 − 20

(8) 120 − 30

(9) 120 − 40

(10) 120 − 50

(11) 140 − 15

(12) 140 − 25

(13) 140 − 35

(14) 140 − 37

(15) 140 − 29

(16) 100 − 20

(17) 100 − 60

(18) 100 − 50

(19) 100 − 70

(20) 100 − 90

You're doing really well!

3-Digit Subtraction

Level ★★

Score /100

Date / /   Name

1 Subtract.

2 points per question

(1)   128
    − 42

(2)   128
    − 53

(3)   128
    − 47

(4)   128
    − 65

(5)   128
    − 81

(6)   136
    − 53

(7)   136
    − 44

(8)   136
    − 82

(9)   136
    − 74

(10) 136
    − 66

(11) 167
    − 74

(12) 167
    − 83

(13) 167
    − 95

(14) 167
    − 49

(15) 167
    − 58

(16) 145
    − 38

(17) 145
    − 52

(18) 145
    − 63

(19) 145
    − 26

(20) 145
    − 74

2 Subtract.

3 points per question

(1) 157 − 39
(2) 157 − 48
(3) 157 − 65
(4) 157 − 73
(5) 157 − 82

(6) 257 − 39
(7) 257 − 48
(8) 257 − 65
(9) 257 − 73
(10) 257 − 82

(11) 354 − 27
(12) 354 − 36
(13) 354 − 62
(14) 354 − 72
(15) 354 − 82

(16) 442 − 16
(17) 442 − 38
(18) 442 − 51
(19) 442 − 61
(20) 442 − 71

Don't forget to check your answers when you're done!

3-Digit Subtraction

Level

Score /100

Date / /   Name

1 Subtract.

2 points per question

(1) 144 − 32
(2) 144 − 37
(3) 144 − 61
(4) 144 − 29
(5) 144 − 83

(6) 244 − 53
(7) 244 − 28
(8) 244 − 72
(9) 244 − 17
(10) 244 − 90

(11) 344 − 21
(12) 344 − 62
(13) 344 − 36
(14) 344 − 53
(15) 344 − 38

(16) 444 − 34
(17) 444 − 71
(18) 444 − 83
(19) 444 − 37
(20) 444 − 29

56 © Kumon Publishing Co., Ltd.

2 Subtract.

3 points per question

(1) 153 − 31

(2) 153 − 27

(3) 153 − 63

(4) 153 − 80

(5) 153 − 28

(6) 253 − 18

(7) 253 − 42

(8) 253 − 82

(9) 253 − 35

(10) 253 − 60

(11) 356 − 43

(12) 356 − 29

(13) 356 − 37

(14) 356 − 72

(15) 356 − 94

(16) 456 − 38

(17) 456 − 71

(18) 456 − 18

(19) 456 − 86

(20) 456 − 49

If a problem looks tricky, just think about it a bit more!

29 3-Digit Subtraction

Level ★★

1 Subtract.

2 points per question

(1) 600 − 300
(2) 700 − 300
(3) 730 − 300
(4) 750 − 320
(5) 753 − 430

(6) 357 − 123
(7) 357 − 147
(8) 357 − 150
(9) 357 − 107
(10) 357 − 157

(11) 468 − 234
(12) 468 − 345
(13) 468 − 111
(14) 468 − 222
(15) 468 − 333

(16) 468 − 300
(17) 468 − 260
(18) 468 − 308
(19) 468 − 368
(20) 478 − 460

2 Subtract.

3 points per question

(1) 534 − 312

(2) 534 − 224

(3) 534 − 321

(4) 534 − 500

(5) 534 − 530

(6) 473 − 230

(7) 473 − 231

(8) 473 − 233

(9) 473 − 235

(10) 473 − 237

(11) 535 − 215

(12) 535 − 312

(13) 535 − 413

(14) 535 − 316

(15) 535 − 418

(16) 645 − 234

(17) 645 − 432

(18) 645 − 238

(19) 645 − 336

(20) 645 − 229

Great! Now let's check your score.

30 3-Digit Subtraction

1 Subtract.

2 points per question

(1) 665 − 135

(2) 665 − 234

(3) 665 − 364

(4) 665 − 452

(5) 665 − 347

(6) 666 − 256

(7) 666 − 447

(8) 666 − 349

(9) 666 − 558

(10) 666 − 239

(11) 665 − 236

(12) 665 − 127

(13) 665 − 318

(14) 665 − 365

(15) 665 − 429

(16) 661 − 123

(17) 661 − 234

(18) 661 − 345

(19) 661 − 456

(20) 661 − 547

2 Subtract.

3 points per question

(1) 850 − 750

(2) 857 − 243

(3) 857 − 346

(4) 857 − 455

(5) 857 − 349

(6) 852 − 334

(7) 852 − 336

(8) 852 − 338

(9) 852 − 113

(10) 852 − 448

(11) 654 − 326

(12) 654 − 419

(13) 654 − 427

(14) 654 − 215

(15) 654 − 348

(16) 645 − 270

(17) 645 − 180

(18) 645 − 163

(19) 645 − 282

(20) 645 − 385

Good job! Let's practice some more!

31 3-Digit Subtraction

1 Subtract.

2 points per question

(1) 242 − 120
(2) 256 − 150
(3) 283 − 253
(4) 374 − 155
(5) 480 − 155

(6) 617 − 153
(7) 617 − 263
(8) 617 − 383
(9) 617 − 456
(10) 617 − 170

(11) 835 − 150
(12) 835 − 382
(13) 835 − 264
(14) 835 − 571
(15) 835 − 695

(16) 546 − 352
(17) 546 − 194
(18) 546 − 265
(19) 546 − 183
(20) 546 − 376

2 Subtract.

3 points per question

(1) 555 − 342

(2) 555 − 238

(3) 555 − 264

(4) 555 − 137

(5) 555 − 382

(6) 555 − 163

(7) 555 − 139

(8) 555 − 172

(9) 555 − 207

(10) 555 − 480

(11) 555 − 337

(12) 555 − 384

(13) 555 − 446

(14) 555 − 462

(15) 555 − 349

(16) 555 − 418

(17) 555 − 481

(18) 555 − 173

(19) 555 − 247

(20) 555 − 494

If you're not sure about your answer, it never hurts to try again!

32 3-Digit Subtraction

1 Subtract.   2 points per question

(1) 146 − 18

(2) 146 − 28

(3) 146 − 38

(4) 146 − 58

(5) 146 − 78

(6) 135 − 18

(7) 135 − 28

(8) 135 − 48

(9) 135 − 68

(10) 135 − 38

(11) 124 − 16

(12) 124 − 35

(13) 124 − 37

(14) 124 − 67

(15) 124 − 27

(16) 124 − 18

(17) 124 − 38

(18) 124 − 68

(19) 124 − 58

(20) 124 − 25

2 Subtract.

3 points per question

(1) 135 − 17

(2) 135 − 27

(3) 135 − 47

(4) 135 − 67

(5) 135 − 37

(6) 123 − 43

(7) 123 − 46

(8) 123 − 48

(9) 123 − 44

(10) 123 − 28

(11) 123 − 14

(12) 123 − 34

(13) 123 − 54

(14) 123 − 74

(15) 123 − 24

(16) 163 − 38

(17) 163 − 58

(18) 163 − 78

(19) 163 − 98

(20) 163 − 68

Don't forget to check your answers when you're done.

3-Digit Subtraction

33

Level ★★

Score /100

1 Subtract.

2 points per question

(1) 157 − 34

(2) 157 − 44

(3) 157 − 64

(4) 157 − 68

(5) 157 − 79

(6) 257 − 34

(7) 257 − 49

(8) 257 − 69

(9) 257 − 79

(10) 257 − 59

(11) 354 − 18

(12) 354 − 28

(13) 354 − 48

(14) 354 − 68

(15) 354 − 58

(16) 443 − 18

(17) 443 − 38

(18) 443 − 58

(19) 443 − 78

(20) 443 − 48

2 Subtract.

3 points per question

(1) 157 − 45

(2) 178 − 49

(3) 157 − 56

(4) 135 − 45

(5) 136 − 38

(6) 234 − 70

(7) 234 − 75

(8) 234 − 65

(9) 234 − 68

(10) 234 − 37

(11) 761 − 235

(12) 761 − 255

(13) 761 − 245

(14) 652 − 271

(15) 652 − 280

(16) 324 − 162

(17) 324 − 153

(18) 324 − 155

(19) 324 − 157

(20) 324 − 159

Remember – just take it step by step! You're doing great!

34 3-Digit Subtraction

1 Subtract.

2 points per question

(1) 756 − 228
(2) 756 − 283
(3) 756 − 287
(4) 782 − 256
(5) 714 − 256

(6) 674 − 259
(7) 674 − 292
(8) 674 − 289
(9) 453 − 218
(10) 453 − 278

(11) 843 − 127
(12) 843 − 162
(13) 843 − 167
(14) 843 − 417
(15) 843 − 687

(16) 843 − 236
(17) 843 − 272
(18) 843 − 277
(19) 843 − 484
(20) 843 − 489

2 Subtract.

3 points per question

(1) 842 − 217

(2) 842 − 272

(3) 842 − 277

(4) 842 − 380

(5) 842 − 386

(6) 953 − 237

(7) 953 − 272

(8) 953 − 277

(9) 953 − 390

(10) 953 − 397

(11) 730 − 314

(12) 730 − 370

(13) 730 − 376

(14) 730 − 408

(15) 730 − 488

(16) 713 − 320

(17) 713 − 307

(18) 713 − 328

(19) 713 − 427

(20) 713 − 418

Remember, practice makes perfect!

35 3-Digit Subtraction

1 Subtract.

2 points per question

(1) 100 − 3 = ☐☐

(2) 100 − 5

(3) 200 − 7 = ☐☐☐

(4) 200 − 9

(5) 300 − 4

(6) 100 − 13

(7) 100 − 25

(8) 200 − 57

(9) 200 − 79

(10) 300 − 24

(11) 110 − 2

(12) 110 − 4

(13) 210 − 6

(14) 210 − 8

(15) 310 − 7

(16) 110 − 12

(17) 110 − 24

(18) 210 − 36

(19) 210 − 48

(20) 310 − 87

2 Subtract.

3 points per question

(1) 400 − 3

(2) 400 − 6

(3) 400 − 17

(4) 400 − 28

(5) 400 − 94

(6) 410 − 22

(7) 410 − 44

(8) 410 − 99

(9) 410 − 73

(10) 410 − 39

(11) 500 − 4

(12) 500 − 18

(13) 500 − 97

(14) 600 − 81

(15) 700 − 94

(16) 510 − 3

(17) 510 − 26

(18) 510 − 75

(19) 610 − 84

(20) 710 − 68

Great! Now let's check your score!

36 3-Digit Subtraction

1 Subtract.

2 points per question

(1) 100 − 4
(2) 100 − 13
(3) 200 − 26
(4) 200 − 58
(5) 300 − 82

(6) 101 − 4
(7) 101 − 13
(8) 201 − 26
(9) 201 − 58
(10) 301 − 82

(11) 103 − 7
(12) 203 − 8
(13) 203 − 6
(14) 303 − 4
(15) 303 − 5

(16) 103 − 17
(17) 203 − 28
(18) 203 − 66
(19) 303 − 74
(20) 303 − 65

2 Subtract.

3 points per question

(1) 402 − 3

(2) 402 − 34

(3) 402 − 45

(4) 402 − 76

(5) 402 − 57

(6) 504 − 5

(7) 504 − 27

(8) 504 − 58

(9) 504 − 79

(10) 504 − 46

(11) 403 − 56

(12) 403 − 68

(13) 403 − 35

(14) 403 − 47

(15) 403 − 89

(16) 403 − 156

(17) 403 − 168

(18) 403 − 135

(19) 403 − 147

(20) 403 − 189

Keep up the great work!

37 3-Digit Subtraction

1 Subtract.

2 points per question

(1)   720
    − 134

(2)   720
    − 232

(3)   720
    − 346

(4)   720
    − 457

(5)   720
    − 679

(6)   720
    − 567

(7)   720
    − 480

(8)   720
    − 502

(9)   720
    − 621

(10) 720
    − 704

(11) 704
    − 24

(12) 704
    − 35

(13) 704
    − 46

(14) 704
    − 57

(15) 704
    − 98

(16) 704
    − 167

(17) 704
    − 178

(18) 704
    − 189

(19) 704
    − 192

(20) 704
    − 199

2 Subtract.

3 points per question

(1) 831 − 123

(2) 831 − 345

(3) 831 − 567

(4) 831 − 678

(5) 803 − 231

(6) 803 − 245

(7) 803 − 346

(8) 803 − 567

(9) 943 − 364

(10) 943 − 575

(11) 943 − 657

(12) 943 − 746

(13) 305 − 117

(14) 305 − 107

(15) 305 − 108

(16) 305 − 106

(17) 300 − 100 =

(18) 350 − 300 =

(19) 260 − 120 =

(20) 365 − 125 =

Have you mastered your 3-digit subtraction?

38 3-Digit Subtraction

1 Subtract.

2 points per question

(1) 300 − 120
(2) 300 − 190
(3) 300 − 168
(4) 300 − 189

(5) 306 − 106
(6) 306 − 107
(7) 306 − 108
(8) 306 − 109

(9) 604 − 410
(10) 604 − 374
(11) 604 − 328
(12) 604 − 276

(13) 503 − 267
(14) 503 − 279
(15) 503 − 259
(16) 503 − 209

(17) 528 − 106 =
(18) 347 − 123 =
(19) 174 − 38 =
(20) 263 − 37 =

2 Subtract.

3 points per question

(1) 823 − 147

(2) 823 − 357

(3) 823 − 469

(4) 823 − 678

(5) 814 − 345

(6) 814 − 456

(7) 814 − 568

(8) 814 − 777

(9) 800 − 675

(10) 800 − 426

(11) 800 − 264

(12) 800 − 99

(13) 804 − 675

(14) 804 − 406

(15) 804 − 207

(16) 804 − 799

(17) 236 − 118 =

(18) 236 − 70 =

(19) 415 − 160 =

(20) 400 − 273 =

OK! Let's try 4-digit subtraction!

4-Digit Subtraction

1 Subtract.

4 points per question

(1) 1365 − 2

(2) 1365 − 4

(3) 1365 − 7

(4) 1365 − 9

(5) 1243 − 8

(6) 1243 − 5

(7) 1456 − 32

(8) 1456 − 45

(9) 1456 − 38

(10) 1456 − 73

(11) 1642 − 27

(12) 1642 − 51

(13) 1575 − 364

(14) 1575 − 347

(15) 1575 − 382

(16) 1256 − 653

2 Subtract.

2 points per question

(1) 1234 − 6

(2) 1234 − 16

(3) 1234 − 46

(4) 1234 − 36

(5) 1525 − 39

(6) 1525 − 29

(7) 1443 − 27

(8) 1443 − 62

(9) 1443 − 56

(10) 1443 − 87

(11) 1652 − 85

(12) 1652 − 74

(13) 1546 − 219

(14) 1546 − 273

(15) 1546 − 288

(16) 1546 − 627

(17) 1546 − 762

(18) 1546 − 581

Great! Now let's check your answers.

4-Digit Subtraction

1 Subtract.

4 points per question

(1)   1336
   − 157

(2)   1336
   − 257

(3)   1336
   − 548

(4)   1336
   − 349

(5)   1242
   − 361

(6)   1242
   − 576

(7)   1325
   − 473

(8)   1325
   − 486

(9)   1325
   − 567

(10) 1325
   − 358

(11) 1534
   − 651

(12) 1534
   − 577

(13) 1732
   − 855

(14) 1732
   − 784

(15) 1732
   − 736

(16) 1875
   − 877

2 Subtract.

2 points per question

(1) 1000 − 6
(2) 1000 − 16
(3) 1000 − 116
(4) 1000 − 196
(5) 1200 − 33

(6) 1200 − 193
(7) 1400 − 47
(8) 1400 − 597
(9) 1600 − 256
(10) 1600 − 693

(11) 1206 − 8
(12) 1206 − 18
(13) 1206 − 98
(14) 1206 − 398
(15) 1073 − 328

(16) 1073 − 368
(17) 1073 − 592
(18) 1073 − 976

Let's move on to something even bigger!

4-Digit Subtraction

Date / /   Name   Score /100

1 Subtract.

4 points per question

(1) 5000 − 3000

(2) 6000 − 3000

(3) 6300 − 3000

(4) 6500 − 3200

(5) 3570 − 1230

(6) 3570 − 1470

(7) 3570 − 1500

(8) 3570 − 1070

(9) 4685 − 2340

(10) 4685 − 3462

(11) 4685 − 2357

(12) 4685 − 1076

(13) 5374 − 3124

(14) 5374 − 3126

(15) 5374 − 4239

(16) 5374 − 2168

2) Subtract.

2 points per question

(1)   6852
    − 2341

(2)   6852
    − 2317

(3)   6852
    − 3370

(4)   6852
    − 3261

(5)   4735
    − 2318

(6)   4735
    − 2374

(7)   4735
    − 1680

(8)   4735
    − 1542

(9)   3462
    − 1248

(10) 3462
    − 1381

(11) 3462
    − 1421

(12) 3462
    − 1540

(13) 6175
    − 1530

(14) 6175
    − 2634

(15) 6175
    − 3841

(16) 5469
    − 3527

(17) 5469
    − 1370

(18) 5469
    − 2485

Have you mastered your 4-digit subtraction?

4-Digit Subtraction

Date / /   Name

Score /100

1 Subtract.

4 points per question

(1) 4756 − 1228

(2) 4756 − 2283

(3) 4756 − 2287

(4) 3734 − 1216

(5) 3734 − 1256

(6) 3734 − 2489

(7) 5673 − 2359

(8) 5673 − 2392

(9) 5673 − 2389

(10) 7452 − 1216

(11) 7452 − 1270

(12) 7452 − 1277

(13) 4355 − 2070

(14) 4355 − 2815

(15) 4355 − 1760

(16) 4355 − 1692

84 © Kumon Publishing Co., Ltd.

2 Subtract.

2 points per question

(1)   4842 − 1272

(2)   4842 − 1377

(3)   5284 − 2655

(4)   5284 − 2716

(5)   3730 − 1376

(6)   3730 − 1488

(7)   5720 − 3134

(8)   5720 − 3232

(9)   4704 − 1267

(10) 4704 − 1289

(11) 6502 − 2192

(12) 6502 − 2195

(13) 3000 − 1200

(14) 3000 − 1680

(15) 3060 − 1070

(16) 3060 − 1100

(17) 5030 − 2540

(18) 5030 − 2170

OK! It's time to review what we've learned!

43 Subtraction Review

1 Subtract.

2 points per question

(1)   142
    − 27

(2)   275
    − 68

(3)   653
    −123

(4)   252
    −138

(5)   549
    −354

(6)   617
    −486

(7)   825
    −572

(8)   473
    −239

(9)   368
    −360

(10) 135
    − 14

(11) 254
    − 27

(12) 768
    −519

(13) 648
    −345

(14) 754
    −354

(15) 546
    −193

(16) 146
    − 39

(17) 256−139 =

(18) 348−135 =

(19) 164− 47 =

(20) 525−193 =

2 Subtract.

3 points per question

(1) 235
   − 48

(2) 756
   − 381

(3) 843
   − 487

(4) 354
   − 96

(5) 614
   − 158

(6) 963
   − 390

(7) 530
   − 408

(8) 200
   − 12

(9) 304
   − 65

(10) 410
   − 89

(11) 722
   − 267

(12) 516
   − 309

(13) 720
   − 235

(14) 802
   − 408

(15) 431
   − 193

(16) 643
   − 275

3 Subtract.

3 points per question

(1) 1346
  − 128

(2) 2245
  − 2090

(3) 4510
  − 3170

(4) 5402
  − 2575

Congratulations! You are ready for **Grade 3 Multiplication**!

Answer Key — Grade 3 Addition & Subtraction

1 2-Digit Addition Review pp 2,3

1
(1) 17 (6) 42 (11) 45 (16) 91
(2) 29 (7) 38 (12) 54 (17) 81
(3) 30 (8) 57 (13) 74 (18) 95
(4) 34 (9) 76 (14) 80 (19) 73
(5) 36 (10) 43 (15) 90 (20) 55

2
(1) 59 (6) 90 (11) 95 (16) 91
(2) 94 (7) 97 (12) 99 (17) 86
(3) 99 (8) 99 (13) 98 (18) 82
(4) 43 (9) 81 (14) 90 (19) 94
(5) 97 (10) 82 (15) 92 (20) 91

2 2-Digit Addition Review pp 4,5

1
(1) 77   (6) 138 (11) 107 (16) 131
(2) 78   (7) 136 (12) 137 (17) 152
(3) 90   (8) 146 (13) 143 (18) 120
(4) 92   (9) 129 (14) 151 (19) 130
(5) 120 (10) 127 (15) 133 (20) 172

2
(1) 147 (6) 105 (11) 126 (16) 120
(2) 142 (7) 110 (12) 121 (17) 101
(3) 134 (8) 102 (13) 141 (18) 116
(4) 124 (9) 114 (14) 100 (19) 142
(5) 107 (10) 142 (15) 117 (20) 171

3 2-Digit Addition Review pp 6,7

1
(1) 44 (6) 99 (11) 84 (16) 40
(2) 41 (7) 83 (12) 45 (17) 97
(3) 77 (8) 43 (13) 91 (18) 63
(4) 72 (9) 45 (14) 87 (19) 93
(5) 84 (10) 70 (15) 90 (20) 84

2
(1) 115 (6) 130 (11) 133 (16) 135
(2) 109 (7) 153 (12) 126 (17) 134
(3) 133 (8) 112 (13) 103 (18) 122
(4) 151 (9) 127 (14) 100 (19) 112
(5) 130 (10) 141 (15) 123 (20) 105

Advice
If you scored over 85 on this section, review your mistakes and move on to the next section.
If you scored between 75 and 84 on this section, review the beginning of this book before moving on.
If you scored less than 74 on this section, it might be a good idea to go back to our "Grade 2 Addition" book and do an extended review of addition.

4 3-Digit Addition pp 8,9

1
(1) 170 (4) 168 (7) 122 (10) 181
(2) 186 (5) 180 (8) 131
(3) 163 (6) 114 (9) 143

2
(1) 145 (4) 292 (7) 491 (10) 481
(2) 163 (5) 272 (8) 182
(3) 290 (6) 351 (9) 471

3
(1) 200 (4) 700 (7) 330 (10) 899
(2) 300 (5) 900 (8) 540
(3) 500 (6) 240 (9) 790

4
(1) 467 (4) 691 (7) 641 (10) 580
(2) 478 (5) 692 (8) 692
(3) 454 (6) 653 (9) 774

Advice
3-digit vertical form addition is just like 2-digit vertical form addition, right?

5 3-Digit Addition pp 10,11

1
(1) 747 (6) 370 (11) 781 (16) 445
(2) 776 (7) 447 (12) 834 (17) 438
(3) 690 (8) 562 (13) 772 (18) 662
(4) 722 (9) 940 (14) 493 (19) 986
(5) 579 (10) 885 (15) 892 (20) 791

2
(1) 685 (6) 443 (11) 610 (16) 587
(2) 884 (7) 651 (12) 791 (17) 495
(3) 992 (8) 593 (13) 390 (18) 251
(4) 990 (9) 685 (14) 892 (19) 370
(5) 775 (10) 373 (15) 715 (20) 540

6 3-Digit Addition — pp 12, 13

1 (1) 465 (4) 481 (7) 616 (10) 777
(2) 472 (5) 581 (8) 444
(3) 585 (6) 448 (9) 417

2 (1) 850 (4) 504 (7) 571 (10) 361
(2) 649 (5) 669 (8) 637
(3) 658 (6) 690 (9) 640

3 (1) 728 (6) 636 (11) 482 (16) 818
(2) 629 (7) 665 (12) 396 (17) 793
(3) 566 (8) 472 (13) 783 (18) 577
(4) 407 (9) 719 (14) 890 (19) 886
(5) 570 (10) 810 (15) 271 (20) 637

7 3-Digit Addition — pp 14, 15

1 (1) 678 (6) 390 (11) 713 (16) 362
(2) 825 (7) 580 (12) 582 (17) 393
(3) 906 (8) 494 (13) 338 (18) 779
(4) 937 (9) 607 (14) 430 (19) 981
(5) 659 (10) 618 (15) 643 (20) 983

2 (1) 363 (6) 814 (11) 489 (16) 795
(2) 490 (7) 649 (12) 384 (17) 881
(3) 815 (8) 537 (13) 751 (18) 490
(4) 451 (9) 492 (14) 899 (19) 687
(5) 514 (10) 528 (15) 909 (20) 777

8 3-Digit Addition — pp 16, 17

1 (1) 205 (6) 292 (11) 461 (16) 417
(2) 246 (7) 280 (12) 483 (17) 439
(3) 192 (8) 272 (13) 517 (18) 428
(4) 184 (9) 286 (14) 490 (19) 448
(5) 186 (10) 366 (15) 454 (20) 394

2 (1) 227 (6) 381 (11) 462 (16) 491
(2) 206 (7) 380 (12) 470 (17) 380
(3) 218 (8) 425 (13) 583 (18) 554
(4) 182 (9) 415 (14) 591 (19) 739
(5) 191 (10) 361 (15) 618 (20) 797

9 3-Digit Addition — pp 18, 19

1 (1) 282 (6) 327 (11) 352 (16) 393
(2) 292 (7) 308 (12) 422 (17) 403
(3) 302 (8) 304 (13) 284 (18) 413
(4) 312 (9) 312 (14) 314 (19) 423
(5) 342 (10) 332 (15) 324 (20) 433

2 (1) 391 (6) 291 (11) 424 (16) 644
(2) 421 (7) 321 (12) 433 (17) 722
(3) 390 (8) 472 (13) 374 (18) 491
(4) 430 (9) 512 (14) 424 (19) 501
(5) 434 (10) 532 (15) 444 (20) 511

10 3-Digit Addition — pp 20, 21

1 (1) 238 (6) 270 (11) 200 (16) 592
(2) 339 (7) 400 (12) 222 (17) 338
(3) 545 (8) 623 (13) 309 (18) 532
(4) 522 (9) 531 (14) 300 (19) 424
(5) 362 (10) 533 (15) 343 (20) 432

2 (1) 285 (6) 293 (11) 363 (16) 341
(2) 295 (7) 290 (12) 324 (17) 534
(3) 315 (8) 322 (13) 312 (18) 455
(4) 402 (9) 333 (14) 420 (19) 360
(5) 351 (10) 322 (15) 521 (20) 579

11 3-Digit Addition — pp 22, 23

1 (1) 382 (6) 582 (11) 483 (16) 804
(2) 392 (7) 612 (12) 493 (17) 833
(3) 422 (8) 800 (13) 523 (18) 602
(4) 412 (9) 420 (14) 442 (19) 574
(5) 402 (10) 623 (15) 402 (20) 653

2 (1) 591 (6) 886 (11) 685 (16) 754
(2) 602 (7) 891 (12) 734 (17) 865
(3) 613 (8) 883 (13) 827 (18) 801
(4) 730 (9) 775 (14) 813 (19) 945
(5) 700 (10) 834 (15) 750 (20) 821

12 3-Digit Addition   pp 24, 25

1
(1) 384 (8) 442 (15) 732
(2) 415 (9) 507 (16) 731
(3) 765 (10) 514 (17) 300
(4) 932 (11) 613 (18) 250
(5) 444 (12) 923 (19) 894
(6) 524 (13) 200 (20) 478
(7) 450 (14) 501

2
(1) 855 (8) 416 (15) 700
(2) 856 (9) 806 (16) 921
(3) 392 (10) 483 (17) 250
(4) 646 (11) 400 (18) 350
(5) 512 (12) 851 (19) 778
(6) 726 (13) 760 (20) 660
(7) 920 (14) 841

Advice

If you think the vertical form is difficult, you can rewrite it horizontally. Or, if you think the horizontal form is hard, try it vertically!

13 3-Digit Addition   pp 26, 27

1
(1) 626 (8) 661 (15) 343
(2) 705 (9) 561 (16) 503
(3) 782 (10) 823 (17) 298
(4) 822 (11) 400 (18) 350
(5) 237 (12) 910 (19) 391
(6) 172 (13) 701 (20) 683
(7) 510 (14) 500

2
(1) 861 (8) 603 (15) 200
(2) 652 (9) 914 (16) 350
(3) 520 (10) 860 (17) 661
(4) 801 (11) 876 (18) 592
(5) 327 (12) 924 (19) 271
(6) 313 (13) 848 (20) 395
(7) 704 (14) 620

14 3-Digit Addition   pp 28, 29

1
(1) 211 (8) 981 (15) 1278
(2) 303 (9) 500 (16) 1184
(3) 445 (10) 622 (17) 192
(4) 522 (11) 711 (18) 374
(5) 770 (12) 700 (19) 741
(6) 600 (13) 1185 (20) 896
(7) 983 (14) 1164

2
(1) 370 (8) 1002 (15) 1223
(2) 885 (9) 963 (16) 1130
(3) 654 (10) 1224 (17) 697
(4) 651 (11) 1122 (18) 909
(5) 1134 (12) 1323 (19) 429
(6) 1100 (13) 923 (20) 810
(7) 706 (14) 1151

15 3-Digit Addition   pp 30, 31

1
(1) 445 (8) 1360 (15) 1410
(2) 620 (9) 1233 (16) 1532
(3) 1131 (10) 1133 (17) 560
(4) 1128 (11) 1331 (18) 770
(5) 1342 (12) 1430 (19) 473
(6) 1181 (13) 1204 (20) 664
(7) 1550 (14) 1323

2
(1) 839 (8) 1202 (15) 1340
(2) 777 (9) 1154 (16) 1431
(3) 845 (10) 1293 (17) 491
(4) 651 (11) 1082 (18) 1120
(5) 1000 (12) 1270 (19) 819
(6) 1100 (13) 1123 (20) 914
(7) 1110 (14) 1204

16 3-Digit Addition   pp 32, 33

1
(1) 615 (8) 1100 (15) 1612
(2) 833 (9) 1344 (16) 1734
(3) 1020 (10) 1544 (17) 521
(4) 1223 (11) 800 (18) 620
(5) 1441 (12) 1079 (19) 812
(6) 754 (13) 1231 (20) 944
(7) 935 (14) 1432

2
(1) 632
(2) 841
(3) 1027
(4) 1200
(5) 1400
(6) 752
(7) 935
(8) 1130
(9) 1341
(10) 1513
(11) 851
(12) 1062
(13) 1253
(14) 1401
(15) 1620
(16) 1862
(17) 795
(18) 918
(19) 963
(20) 943

17 4-Digit Addition   pp 34, 35

1
(1) 1600
(2) 1870
(3) 1630
(4) 1695
(5) 1888
(6) 1580
(7) 1594
(8) 1772
(9) 2741
(10) 2672
(11) 3781
(12) 4391
(13) 2395
(14) 2604
(15) 1746
(16) 3666

2
(1) 3000
(2) 5000
(3) 2400
(4) 3300
(5) 5450
(6) 4970
(7) 5583
(8) 6937
(9) 3686
(10) 3974
(11) 5863
(12) 5753
(13) 4675
(14) 4882
(15) 3735
(16) 3678
(17) 4663
(18) 3815

Advice
Calculate 4-digit addition just like 2-digit and 3-digit addition.

18 4-Digit Addition   pp 36, 37

1
(1) 2692
(2) 2608
(3) 1642
(4) 1803
(5) 1813
(6) 1823
(7) 3915
(8) 4307
(9) 3214
(10) 5155
(11) 4248
(12) 4861
(13) 6450
(14) 7227
(15) 5029
(16) 4107

2
(1) 4682
(2) 4722
(3) 3682
(4) 3712
(5) 4900
(6) 6523
(7) 4377
(8) 5237
(9) 8334
(10) 8005
(11) 4208
(12) 6026
(13) 7657
(14) 6293
(15) 4452
(16) 4482
(17) 9171
(18) 7266

19 4-Digit Addition   pp 38, 39

1
(1) 2110
(2) 3037
(3) 4458
(4) 4362
(5) 3410
(6) 5234
(7) 7707
(8) 6008
(9) 5816
(10) 6228
(11) 8573
(12) 4075
(13) 4264
(14) 8221
(15) 5042
(16) 4014

2
(1) 3709
(2) 8771
(3) 3651
(4) 4134
(5) 5002
(6) 11855
(7) 11642
(8) 12788
(9) 12746
(10) 11791
(11) 11540
(12) 12256
(13) 12704
(14) 11237
(15) 12938
(16) 11803
(17) 12199
(18) 15406

20 Addition Review   pp 40, 41

1
(1) 146
(2) 180
(3) 377
(4) 490
(5) 573
(6) 891
(7) 855
(8) 479
(9) 590
(10) 481
(11) 756
(12) 813
(13) 779
(14) 618
(15) 392
(16) 777
(17) 282
(18) 337
(19) 495
(20) 691

2
(1) 233
(2) 332
(3) 441
(4) 947
(5) 511
(6) 611
(7) 503
(8) 400
(9) 800
(10) 540
(11) 704
(12) 1166
(13) 1182
(14) 733
(15) 1127
(16) 904

3
(1) 4525
(2) 3304
(3) 8050
(4) 10560

Advice
If you made many mistakes in **1**, start reviewing on page 8.
If you made many mistakes in **2**, start reviewing on page 18.
If you made many mistakes in **3**, start reviewing on page 34.

21 2-Digit Subtraction Review   pp 42, 43

1
(1) 13
(2) 22
(3) 31
(4) 52
(5) 51
(6) 24
(7) 22
(8) 53
(9) 18
(10) 31
(11) 52
(12) 16
(13) 24
(14) 30
(15) 16
(16) 49
(17) 27
(18) 56
(19) 8
(20) 4

2
(1) 50
(2) 29
(3) 39
(4) 57
(5) 17
(6) 36
(7) 38
(8) 8
(9) 5
(10) 17
(11) 21
(12) 9
(13) 9
(14) 5
(15) 18
(16) 48
(17) 15
(18) 22
(19) 6
(20) 7

22 3-Digit Subtraction Review pp 44, 45

1
(1) 70 (6) 45 (11) 82 (16) 77
(2) 80 (7) 64 (12) 68 (17) 56
(3) 70 (8) 64 (13) 69 (18) 85
(4) 83 (9) 72 (14) 71 (19) 93
(5) 54 (10) 40 (15) 76 (20) 77

2
(1) 85 (6) 79 (11) 75 (16) 88
(2) 70 (7) 85 (12) 96 (17) 54
(3) 46 (8) 93 (13) 47 (18) 71
(4) 98 (9) 75 (14) 48 (19) 27
(5) 50 (10) 84 (15) 95 (20) 96

23 3-Digit Subtraction Review pp 46, 47

1
(1) 28 (6) 9   (11) 43 (16) 29
(2) 16 (7) 13 (12) 36 (17) 28
(3) 19 (8) 8   (13) 20 (18) 3
(4) 18 (9) 7   (14) 29 (19) 26
(5) 13 (10) 35 (15) 76 (20) 5

2
(1) 73 (6) 60 (11) 95 (16) 79
(2) 57 (7) 90 (12) 44 (17) 97
(3) 73 (8) 96 (13) 96 (18) 7
(4) 58 (9) 68 (14) 17 (19) 92
(5) 78 (10) 86 (15) 64 (20) 85

Advice

If you scored over 85 on this section, review your mistakes and move on to the next section.

If you scored between 75 and 84 on this section, review the last three sections before moving on.

If you scored less than 74 on this section, it might be a good idea to go back to our "Grade 2 Subtraction" book and do an extended review of subtraction.

24 3-Digit Subtraction pp 48, 49

1
(1) 140 (6) 150 (11) 160 (16) 170
(2) 120 (7) 130 (12) 140 (17) 150
(3) 100 (8) 110 (13) 120 (18) 130
(4) 130 (9) 140 (14) 150 (19) 160
(5) 110 (10) 120 (15) 130 (20) 140

2
(1) 122 (6) 154 (11) 120 (16) 124
(2) 110 (7) 152 (12) 112 (17) 132
(3) 113 (8) 150 (13) 121 (18) 118
(4) 124 (9) 148 (14) 119 (19) 109
(5) 104 (10) 146 (15) 117 (20) 126

25 3-Digit Subtraction pp 50, 51

1
(1) 112 (6) 122 (11) 132 (16) 126
(2) 110 (7) 120 (12) 121 (17) 138
(3) 109 (8) 129 (13) 120 (18) 117
(4) 115 (9) 118 (14) 127 (19) 109
(5) 117 (10) 114 (15) 115 (20) 105

2
(1) 144 (6) 110 (11) 140 (16) 127
(2) 123 (7) 129 (12) 138 (17) 116
(3) 100 (8) 118 (13) 147 (18) 105
(4) 107 (9) 107 (14) 119 (19) 113
(5) 118 (10) 128 (15) 136 (20) 104

26 3-Digit Subtraction pp 52, 53

1
(1) 114 (6) 124 (11) 114 (16) 119
(2) 107 (7) 126 (12) 116 (17) 107
(3) 103 (8) 128 (13) 118 (18) 110
(4) 115 (9) 123 (14) 113 (19) 108
(5) 112 (10) 135 (15) 119 (20) 117

2
(1) 120 (6) 110 (11) 125 (16) 80
(2) 110 (7) 100 (12) 115 (17) 40
(3) 100 (8) 90   (13) 105 (18) 50
(4) 90   (9) 80   (14) 103 (19) 30
(5) 80   (10) 70 (15) 111 (20) 10

27 3-Digit Subtraction pp 54, 55

1
(1) 86 (6) 83 (11) 93   (16) 107
(2) 75 (7) 92 (12) 84   (17) 93
(3) 81 (8) 54 (13) 72   (18) 82
(4) 63 (9) 62 (14) 118 (19) 119
(5) 47 (10) 70 (15) 109 (20) 71

2
(1) 118 (6) 218 (11) 327 (16) 426
(2) 109 (7) 209 (12) 318 (17) 404
(3) 92   (8) 192 (13) 292 (18) 391
(4) 84   (9) 184 (14) 282 (19) 381
(5) 75   (10) 175 (15) 272 (20) 371

28 3-Digit Subtraction   pp 56, 57

1
(1) 112   (6) 191   (11) 323   (16) 410
(2) 107   (7) 216   (12) 282   (17) 373
(3) 83   (8) 172   (13) 308   (18) 361
(4) 115   (9) 227   (14) 291   (19) 407
(5) 61   (10) 154 (15) 306   (20) 415

2
(1) 122   (6) 235   (11) 313   (16) 418
(2) 126   (7) 211   (12) 327   (17) 385
(3) 90   (8) 171   (13) 319   (18) 438
(4) 73   (9) 218   (14) 284   (19) 370
(5) 125   (10) 193 (15) 262   (20) 407

29 3-Digit Subtraction   pp 58, 59

1
(1) 300   (6) 234   (11) 234   (16) 168
(2) 400   (7) 210   (12) 123   (17) 208
(3) 430   (8) 207   (13) 357   (18) 160
(4) 430   (9) 250   (14) 246   (19) 100
(5) 323   (10) 200 (15) 135   (20) 18

2
(1) 222   (6) 243   (11) 320   (16) 411
(2) 310   (7) 242   (12) 223   (17) 213
(3) 213   (8) 240   (13) 122   (18) 407
(4) 34   (9) 238   (14) 219   (19) 309
(5) 4   (10) 236 (15) 117   (20) 416

30 3-Digit Subtraction   pp 60, 61

1
(1) 530   (6) 410   (11) 429   (16) 538
(2) 431   (7) 219   (12) 538   (17) 427
(3) 301   (8) 317   (13) 347   (18) 316
(4) 213   (9) 108   (14) 300   (19) 205
(5) 318   (10) 427 (15) 236   (20) 114

2
(1) 100   (6) 518   (11) 328   (16) 375
(2) 614   (7) 516   (12) 235   (17) 465
(3) 511   (8) 514   (13) 227   (18) 482
(4) 402   (9) 739   (14) 439   (19) 363
(5) 508   (10) 404 (15) 306   (20) 260

31 3-Digit Subtraction   pp 62, 63

1
(1) 122   (6) 464   (11) 685   (16) 194
(2) 106   (7) 354   (12) 453   (17) 352
(3) 30   (8) 234   (13) 571   (18) 281
(4) 219   (9) 161   (14) 264   (19) 363
(5) 325   (10) 447 (15) 140   (20) 170

2
(1) 213   (6) 392   (11) 218   (16) 137
(2) 317   (7) 416   (12) 171   (17) 74
(3) 291   (8) 383   (13) 109   (18) 382
(4) 418   (9) 348   (14) 93   (19) 308
(5) 173   (10) 75   (15) 206   (20) 61

32 3-Digit Subtraction   pp 64, 65

1
(1) 128   (6) 117   (11) 108   (16) 106
(2) 118   (7) 107   (12) 89   (17) 86
(3) 108   (8) 87   (13) 87   (18) 56
(4) 88   (9) 67   (14) 57   (19) 66
(5) 68   (10) 97   (15) 97   (20) 99

2
(1) 118   (6) 80   (11) 109   (16) 125
(2) 108   (7) 77   (12) 89   (17) 105
(3) 88   (8) 75   (13) 69   (18) 85
(4) 68   (9) 79   (14) 49   (19) 65
(5) 98   (10) 95   (15) 99   (20) 95

33 3-Digit Subtraction   pp 66, 67

1
(1) 123   (6) 223   (11) 336   (16) 425
(2) 113   (7) 208   (12) 326   (17) 405
(3) 93   (8) 188   (13) 306   (18) 385
(4) 89   (9) 178   (14) 286   (19) 365
(5) 78   (10) 198 (15) 296   (20) 395

2
(1) 112   (6) 164   (11) 526   (16) 162
(2) 129   (7) 159   (12) 506   (17) 171
(3) 101   (8) 169   (13) 516   (18) 169
(4) 90   (9) 166   (14) 381   (19) 167
(5) 98   (10) 197 (15) 372   (20) 165

34 3-Digit Subtraction — pp 68, 69

1
(1) 528 (6) 415 (11) 716 (16) 607
(2) 473 (7) 382 (12) 681 (17) 571
(3) 469 (8) 385 (13) 676 (18) 566
(4) 526 (9) 235 (14) 426 (19) 359
(5) 458 (10) 175 (15) 156 (20) 354

2
(1) 625 (6) 716 (11) 416 (16) 393
(2) 570 (7) 681 (12) 360 (17) 406
(3) 565 (8) 676 (13) 354 (18) 385
(4) 462 (9) 563 (14) 322 (19) 286
(5) 456 (10) 556 (15) 242 (20) 295

35 3-Digit Subtraction — pp 70, 71

1
(1) 97 (6) 87 (11) 108 (16) 98
(2) 95 (7) 75 (12) 106 (17) 86
(3) 193 (8) 143 (13) 204 (18) 174
(4) 191 (9) 121 (14) 202 (19) 162
(5) 296 (10) 276 (15) 303 (20) 223

2
(1) 397 (6) 388 (11) 496 (16) 507
(2) 394 (7) 366 (12) 482 (17) 484
(3) 383 (8) 311 (13) 403 (18) 435
(4) 372 (9) 337 (14) 519 (19) 526
(5) 306 (10) 371 (15) 606 (20) 642

36 3-Digit Subtraction — pp 72, 73

1
(1) 96 (6) 97 (11) 96 (16) 86
(2) 87 (7) 88 (12) 195 (17) 175
(3) 174 (8) 175 (13) 197 (18) 137
(4) 142 (9) 143 (14) 299 (19) 229
(5) 218 (10) 219 (15) 298 (20) 238

2
(1) 399 (6) 499 (11) 347 (16) 247
(2) 368 (7) 477 (12) 335 (17) 235
(3) 357 (8) 446 (13) 368 (18) 268
(4) 326 (9) 425 (14) 356 (19) 256
(5) 345 (10) 458 (15) 314 (20) 214

37 3-Digit Subtraction — pp 74, 75

1
(1) 586 (6) 153 (11) 680 (16) 537
(2) 488 (7) 240 (12) 669 (17) 526
(3) 374 (8) 218 (13) 658 (18) 515
(4) 263 (9) 99 (14) 647 (19) 512
(5) 41 (10) 16 (15) 606 (20) 505

2
(1) 708 (5) 572 (9) 579 (13) 188
(2) 486 (6) 558 (10) 368 (14) 198
(3) 264 (7) 457 (11) 286 (15) 197
(4) 153 (8) 236 (12) 197 (16) 199
(17) 200 (19) 140
(18) 50 (20) 240

38 3-Digit Subtraction — pp 76, 77

1
(1) 180 (5) 200 (9) 194 (13) 236
(2) 110 (6) 199 (10) 230 (14) 224
(3) 132 (7) 198 (11) 276 (15) 244
(4) 111 (8) 197 (12) 328 (16) 294
(17) 422 (19) 136
(18) 224 (20) 226

2
(1) 676 (5) 469 (9) 125 (13) 129
(2) 466 (6) 358 (10) 374 (14) 398
(3) 354 (7) 246 (11) 536 (15) 597
(4) 145 (8) 37 (12) 701 (16) 5
(17) 118 (19) 255
(18) 166 (20) 127

39 4-Digit Subtraction — pp 78, 79

1
(1) 1363 (5) 1235 (9) 1418 (13) 1211
(2) 1361 (6) 1238 (10) 1383 (14) 1228
(3) 1358 (7) 1424 (11) 1615 (15) 1193
(4) 1356 (8) 1411 (12) 1591 (16) 603

2
(1) 1228 (6) 1496 (11) 1567 (16) 919
(2) 1218 (7) 1416 (12) 1578 (17) 784
(3) 1188 (8) 1381 (13) 1327 (18) 965
(4) 1198 (9) 1387 (14) 1273
(5) 1486 (10) 1356 (15) 1258

40 4-Digit Subtraction   pp 80, 81

1
(1) 1179   (5) 881   (9) 758   (13) 877
(2) 1079   (6) 666   (10) 967   (14) 948
(3) 788   (7) 852   (11) 883   (15) 996
(4) 987   (8) 839   (12) 957   (16) 998

2
(1) 994   (6) 1007   (11) 1198 (16) 705
(2) 984   (7) 1353   (12) 1188 (17) 481
(3) 884   (8) 803   (13) 1108 (18) 97
(4) 804   (9) 1344   (14) 808
(5) 1167   (10) 907   (15) 745

41 4-Digit Subtraction   pp 82, 83

1
(1) 2000   (5) 2340   (9) 2345   (13) 2250
(2) 3000   (6) 2100   (10) 1223 (14) 2248
(3) 3300   (7) 2070   (11) 2328 (15) 1135
(4) 3300   (8) 2500   (12) 3609 (16) 3206

2
(1) 4511   (6) 2361   (11) 2041 (16) 1942
(2) 4535   (7) 3055   (12) 1922 (17) 4099
(3) 3482   (8) 3193   (13) 4645 (18) 2984
(4) 3591   (9) 2214   (14) 3541
(5) 2417   (10) 2081 (15) 2334

42 4-Digit Subtraction   pp 84, 85

1
(1) 3528   (5) 2478   (9) 3284   (13) 2285
(2) 2473   (6) 1245   (10) 6236 (14) 1540
(3) 2469   (7) 3314   (11) 6182 (15) 2595
(4) 2518   (8) 3281   (12) 6175 (16) 2663

2
(1) 3570   (6) 2242   (11) 4310 (16) 1960
(2) 3465   (7) 2586   (12) 4307 (17) 2490
(3) 2629   (8) 2488   (13) 1800 (18) 2860
(4) 2568   (9) 3437   (14) 1320
(5) 2354   (10) 3415 (15) 1990

43 Subtraction Review   pp 86, 87

1
(1) 115   (5) 195   (9) 8   (13) 303
(2) 207   (6) 131   (10) 121   (14) 400
(3) 530   (7) 253   (11) 227   (15) 353
(4) 114   (8) 234   (12) 249   (16) 107
(17) 117   (19) 117
(18) 213   (20) 332

2
(1) 187   (5) 456   (9) 239   (13) 485
(2) 375   (6) 573   (10) 321   (14) 394
(3) 356   (7) 122   (11) 455   (15) 238
(4) 258   (8) 188   (12) 207   (16) 368

3
(1) 1218   (2) 155   (3) 1340   (4) 2827

Advice

If you made many mistakes in **1**, start reviewing on page 48.

If you made many mistakes in **2**, start reviewing on page 64.

If you made many mistakes in **3**, start reviewing on page 78.